Grands Présidents | numéro 12

KENNEDY

ET LA LUTTE CONTRE LE COMMUNISME

Le golden boy de la politique américaine

par Quentin Convard

50MINUTES

Avec la collaboration de Jonathan Jackowska

KENNEDY

CARTE D'IDENTITÉ

- **Naissance ?** Le 29 mai 1917 à Brookline (Massachusetts)
- **Mort ?** Le 22 novembre 1963 à Dallas (Texas)
- **Parti politique ?** Le Parti démocrate
- **Date de l'élection ?** Le 8 novembre 1960
- **Durée du mandat ?** Deux ans, dix mois et deux jours
- **Apports majeurs ?**
    - Le programme spatial
    - La lutte contre le communisme
    - Le programme *New Frontier* (« Nouvelle Frontière »)
    - Le *Peace Corps*

INTRODUCTION

Considéré comme l'un des plus grands présidents américains, aux côtés notamment d'Abraham Lincoln (1809-1865) et de Franklin Roosevelt (1882-1945), John F. Kennedy est pourtant loin d'avoir contribué à l'évolution de son pays comme l'ont fait ces deux prestigieux prédécesseurs. Farouche opposant du communisme, son mandat est principalement marqué par le contexte de la guerre froide (1945-1990) et par les soubresauts que ce conflit engendre. Très vite, ses initiatives en matière de politique étrangère font apparaître au grand jour les limites du plus jeune président américain.

S'il est considéré comme l'un des présidents les plus aimés des États-Unis, sa popularité tient autant à son assassinat brutal qu'à son charme et à la mythologie qui entoure l'homme et le clan Kennedy. Avec le recul, John Fitzgerald Kennedy apparaît comme une personnalité publique plutôt que comme un homme d'État. Pourtant l'homme est promis dès son plus jeune âge à de hautes responsabilités, suivant en cela l'ambition de son père, un politicien nonchalant privilégiant souvent la forme au détriment du fond. Son utilisation habile des médias, son humour, son aisance rhétorique et, surtout, la puissance financière de son père permettent à John Fitzgerald Kennedy de construire un mythe autour de sa personne, mythe qui se prolonge lorsqu'il épouse Jackie. Mais il n'en est pas moins un redoutable homme politique doté d'une vision élevée de son rôle et qui personnifie l'espoir des *sixties*. Miroir des aspirations des Américains, il reflète non pas ce qu'ils sont réellement, mais ce qu'ils aimeraient être.

LA DYNASTIE KENNEDY

Né en 1917, John F. Kennedy est issu d'une famille fortunée de Boston, les Kennedy, clan puissant et constitué de *self-made-men* qui ne vivent que par et pour l'honneur de leur dynastie. Son grand-père paternel, Patrick Joseph Kennedy (1858-1929), est une figure incontournable de la région, tandis que son père, Joseph Patrick Kennedy (1888-1969), assoit la domination du clan sur la ville et l'élargit à tout le pays. Diplômé de Harvard et impatient de faire fortune, ce dernier entre dans la finance, devient le plus jeune patron de banque à l'âge de 25 ans, engrange son premier million avant de souffler sa trentième bougie. En 1914, il épouse Rose Fitzgerald (1890-1995), fille d'un notable catholique de Boston. Ensemble, ils auront neuf enfants. John F. Kennedy est le deuxième de la fratrie.

Joseph Patrick Kennedy est un patriarche omniscient, qui continue d'affirmer son pouvoir par l'argent plus que par la politique. À tel point qu'il n'hésite pas à fréquenter la mafia et à importer du whisky pendant la prohibition (1920-1933). Prétendant avoir prévu le krach de 1929, il gagne plusieurs millions de dollars en boursicotant avec talent. Il se lance ensuite dans l'industrie cinématographique, et figure, dans la seconde moitié des années cinquante, au classement des 20 Américains les plus fortunés selon le magazine *Fortune*.

LE JEUNE REBELLE À LA SANTÉ FRAGILE

C'est dans ce drôle de foyer, à la fois asphyxiant et sécurisant, qu'évolue John, surnommé par tout le monde « Jack ». Un foyer où le père, souvent absent, est le chef de famille, forçant Rose à faire en sorte que la volonté de son mari soit respectée. L'objectif qui doit guider les enfants est de faire briller le nom de la famille. Si ses frères et sœurs se soumettent aux dictats de ce père césarien, John se démarque. Désordonné, retardataire, il se dispute souvent avec sa mère sur des questions de discipline et de religion.

Mais son enfance est surtout rythmée par des ennuis de santé. À deux ans et demi, il souffre de la scarlatine. L'influence politique de son grand-père lui permet toutefois de se faire hospitaliser dans l'un des meilleurs hôpitaux de Boston, et ainsi de survivre à cette épidémie qui a causé la mort de centaines d'enfants de l'agglomération. Asthme, anomalie sanguine, mauvaise vue, ouïe défectueuse : John collectionne les afflictions. Mais ce sont ses problèmes de dos, liés probablement à la maladie d'Addison dont il est atteint, qui le font le plus souffrir et qui l'obligeront, à l'âge adulte, à porter un corset et à multiplier les opérations délicates.

À 14 ans, John s'éloigne de sa famille. Jusqu'à l'âge de 18 ans, il effectue ses études au sein du Choate Rosemary Hall (Connecticut), lycée privé dont il est pensionnaire. Malgré ses nombreuses absences dues à sa maladie, il devient vite populaire et se distingue davantage par son charme et son humour que par ses résultats scolaires, même s'il excelle en littérature et en histoire. En 1935, le jeune homme s'affranchit plus encore du joug familial en rejoignant durant plusieurs semaines l'université de Princeton plutôt que Harvard, pourtant privilégiée par les hommes du clan Kennedy. Mais suite à une nouvelle hospitalisation, il est rapatrié à Boston et, à la rentrée de 1936, son père le fait revenir à la raison en l'inscrivant à Harvard où il est considéré comme un étudiant brillant malgré son manque de discipline.

LONDRES ET LA GUERRE

En décembre 1937, Joseph Kennedy, proche du président Roosevelt, est nommé ambassadeur à Londres, soit l'un des postes les plus importants et prestigieux de la diplomatie américaine. Pour mener à bien sa mission, celui que l'on surnomme « Monsieur l'ambassadeur » puise dans ses fonds personnels pour engager une équipe colossale. La famille va de réception en réception, séduisant à la fois l'aristocratie britannique et la presse.

En cette période troublée de l'histoire, John est aux premières loges et n'hésite pas à aider son père dans sa mission pendant ses vacances d'été. Quelques mois plus tard, lui et son frère aîné, « Joe » Kennedy (1915-1944), sont installés à l'ambassade en tant que secrétaires sans solde. Mais la manière dont Joseph Kennedy gère la crise secouant l'Europe commence à agacer outre-Atlantique. Partisan d'une politique conciliante envers l'Allemagne nazie, Joseph Kennedy s'attire l'hostilité de la classe politique britannique et du département d'État américain. Par peur des bombardements, le père renvoie sa famille aux États-Unis en 1940 et démissionne pour faire campagne contre l'entrée en guerre de son pays. C'en est fini de son ascension politique.

John F. Kennedy retourne donc à Harvard et consacre son mémoire de fin d'études au manque de préparation militaire britannique devant l'armement intensif de l'Allemagne. Il obtient une mention passable, le travail ayant été jugé superficiel et lacunaire par ses professeurs. Mais son père, loin d'être du même avis, convainc son fils d'en faire un livre intitulé *Why England Slept* (« Pourquoi l'Angleterre a dormi »). Propulsé par une presse élogieuse, l'ouvrage se vend bien et permet au jeune diplômé de se faire connaître.

Après une romance avec Inga Arvad (1913-1973), une journaliste danoise suspectée d'être une espionne nazie, John F. Kennedy est promu lieutenant en 1943 et est affecté à une escadre de vedettes lance-torpilles. En août de la même année, alors qu'il est aux commandes d'un navire chargé d'intercepter un convoi japonais, son bâtiment est coulé. Avec d'autres survivants, il nage pendant plusieurs heures, jusqu'à ce qu'il atteigne une autre île afin de trouver de l'aide. L'histoire est relayée par son père, qui tente de faire de son fils un héros. Dans le même temps, son frère aîné, Joe, se porte volontaire pour une mission périlleuse à laquelle il ne survivra pas. John F. Kennedy devient alors, aux yeux de son père, le nouveau fils prodigue, celui qui doit faire carrière en politique.

L'ENTRÉE EN POLITIQUE

Pour faire entrer son fils dans la sphère politique, Joseph Kennedy accepte de payer les dettes du député du 11e district du Massachusetts, à condition que celui-ci ne se représente pas aux législatives de 1946, laissant ainsi la place à son fils. Grâce à l'argent de sa famille et aux relations de son père, John F. Kennedy est facilement élu. Mais le nouveau député se lasse vite de son mandat. Il est réélu deux fois, s'affranchit de l'idéologie de son père en votant en faveur de mesures sociales, mais le rejoint en se présentant comme un farouche opposant du communisme.

Mais, ce qui intéresse le plus John F. Kennedy, c'est la politique étrangère. Il commence néanmoins par briguer le poste de représentant du Massachusetts et a comme adversaire le républicain Henry Cabot Lodge (1850-1924), ennemi de toujours du clan Kennedy. La bataille est rude, mais toute la famille le soutient : si Joseph Kennedy dépense de très grosses sommes d'argent en publicité, les femmes organisent des *tea parties* et Robert Kennedy (1925-1968), à 27 ans, devient le directeur de campagne de son frère.

Remportant la lutte, il entre à la Chambre des représentants en 1946 et est réélu en 1948 et en 1950. Il devient ensuite sénateur en 1953, poste qu'il occupe jusqu'en 1960.

Mais ce n'est pas cet événement qui bouleversera le plus le jeune homme cette année-là. En effet, interviewé par Jacqueline Lee Bouvier (1929-1994), reporter photographe au *Washington Times Herald*, le sénateur de 36 ans tombe amoureux de cette femme de douze ans sa cadette. Ils se marient au mois de septembre et auront deux enfants : Caroline (née en 1957) et John (1960-1999). En 1956, Jackie accouche d'une petite-fille mort-née, Arabella, et en 1963, naît prématurément Patrick, qui meurt deux jours plus tard.

Durant l'été 1954, John F. Kennedy souffre particulièrement du dos. Une opération est alors programmée, mais de nombreuses complications ont lieu durant l'intervention. Il tombe alors dans le coma. Tous le pensent condamné. Par conséquent, lorsque, au printemps 1955, il revient au Sénat, ovationné par ses pairs, la surprise est totale. Toutefois, de cette opération va naître une polémique. En effet, en décembre 1954, le sénateur McCarthy (1908-1957), grand ami de Joseph Kennedy mais ennemi de son parti, est accusé d'avoir menti au Congrès. Or l'absence de John Kennedy tombe précisément au moment où le Congrès doit statuer sur son sort, lui évitant ainsi un profond dilemme.

CONTEXTE POLITIQUE ET SOCIAL

UNE AMÉRIQUE AU RALENTI, MAIS CONFIANTE

John F. Kennedy est élu en 1960 par une Amérique qui réclame le droit de rêver de nouveau et qui voit une jeunesse dynamique et pleine de vitalité déferler sur le pays. Depuis la Seconde Guerre mondiale, les États-Unis ont pu s'affirmer en tant que puissance mondiale majeure, mais les *fifties*, plus calmes, ont vu les ambitions dominatrices du pays quelque peu baisser.

La période est pourtant riche en avancées technologiques qui améliorent le quotidien des Américains, les entraînant vers un mode de vie de plus en plus consumériste. C'est le secteur automobile qui cristallise le plus la volonté de modernité du pays. Si en 1946, seuls 28 millions de voitures circulaient sur le territoire, on en dénombre 75 millions en 1965. Cette évolution dans les transports transforme également le paysage urbain, qui voit surgir des autoroutes titanesques, des centres commerciaux ou encore des drive-in.

Le quotidien des familles américaines se voit lui aussi totalement bouleversé par la démocratisation de nombreuses machines. Désormais, les séchoirs, lave-linge ou encore l'air conditionné s'invitent dans les foyers américains. Lorsque John F. Kennedy est élu, 96 % des Américains possèdent un frigidaire, 89 % une machine à laver et 80 % un téléviseur. Mais, malgré ce confort apparent, l'économie a ralenti sous la présidence d'Eisenhower (1953-1961). En 1958, 7 % de la population se trouve au chômage, une première depuis 20 ans. Plus grave encore, le taux de croissance annuel moyen est de 4,3 % pour la période 1947-1952 et seulement de 2,5 % pour les années républicaines, alors qu'en parallèle l'indice des prix à la consommation explose.

Toutefois, les Américains ne perdent pas confiance en leur capacité à se relever et ne tiennent pas trop rigueur au président de l'affaiblissement de l'économie. Si les démocrates deviennent bel et bien majoritaires au Congrès dès les élections de 1954, la figure centrale des *fifties* reste bien celle, rassurante, conservatrice et prestigieuse, du général républicain Eisenhower (1890-1969). Et pour cause, ce dernier fait ce qu'un peuple intéressé par les affaires locales et le bien-être de leur foyer attend d'un homme d'État. L'ancien militaire est un adversaire du communisme, un proche des milieux d'affaires et, surtout, le portrait sécurisant d'une Amérique prospère. Néanmoins, la population se questionne quant à son futur et au rôle que son pays doit dorénavant jouer sur la scène internationale face au danger soviétique. Peu à peu, apparaît également l'idée qu'il est désormais temps de s'occuper des problèmes laissés de côté depuis trop longtemps, au premier rang desquels se trouve la question des droits civiques.

LES DROITS CIVIQUES

John F. Kennedy n'est pas un fervent défenseur des droits civiques. Déjà peu apprécié des démocrates conservateurs et proségrégationnistes du Sud, il ne veut pas s'aliéner cette part importante de son électorat. De plus, la personnalité des leaders noirs et leur mode d'action l'agacent fortement. Il sait cependant que le peuple américain est en attente de réformes libérales sur le sujet et que les Afro-Américains forment un électorat qu'il doit également séduire.

Depuis 1945, la question de la ségrégation est devenue centrale dans le pays. De nombreux Américains ont en effet pris conscience que les valeurs de leur nation ne peuvent être respectées tant que subsistera une telle discrimination. Les associations de défense des droits des Afro-Américains, telles que la NAACP (*National Association for the Advancement of Colored People*) ou l'*Urban League*, multiplient les protestations non-violentes, auxquelles des Blancs participent également. Des personnalités comme Martin Luther King (pasteur américain, 1929-1968) ou Medgar Evers (1925-1963) forcent les pouvoirs publics à prendre position, et, dès 1954, l'arrêt *Brown vs. Board of Education of Topeka*, en Arkansas, rend inconstitutionnelle la ségrégation dans les écoles publiques. Mais le chemin vers l'égalité entre les deux populations est long et le racisme endémique dans les États du Sud ne cesse pas pour autant. Ainsi, dans la seconde moitié des années cinquante, de nombreux débordements éclatent, dont le plus symptomatique est certainement celui de Little Rock, en Arkansas, qui oblige le président Eisenhower à recourir à l'armée pour contrer une manifestation pro-ségrégation.

LES NEUF DE LITTLE ROCK

Les neuf de Little Rock sont des lycéens afro-américains inscrits pour la première fois à la Little Rock Central High School, mais dont l'entrée dans l'établissement scolaire provoque de violentes émeutes. Profondément ségrégationniste, Orval Faubus (1910-1994), le gouverneur de l'État, empêche par tous les moyens les neuf étudiants d'accéder à l'école. Le 4 septembre 1957, jour de la rentrée scolaire, il envoie même la garde nationale d'Arkansas sur les lieux. La situation s'envenime rapidement et, pendant trois semaines, des manifestations et échauffourées entre les deux camps ont lieu dans la ville. Pour y mettre un terme et permettre aux neuf étudiants d'accéder au lycée, le président se voit obligé de dépêcher plus de 1 000 soldats. Les violences ne cessant pas pour autant, un soldat est assigné à la protection de chaque étudiant noir.

UNE PÉRIODE MARQUÉE PAR LA GUERRE FROIDE

Lorsque John F. Kennedy accède à la fonction suprême, l'image des États-Unis est légèrement écornée sur la scène internationale. Si le pays connaît une petite crise économique, c'est surtout la mise en orbite de deux satellites russes, en 1957, qui vexe le peuple américain, leurs propres scientifiques n'y étant pas encore parvenus. Mais plus qu'un simple pied-de-nez dans la course à l'espace, cela signifie surtout que l'URSS est désormais capable de construire des fusées à longue portée capables de frapper directement les États-Unis.

Les relations entre les États-Unis et l'URSS de Nikita Khrouchtchev (1894-1971) se durcissent encore lorsque la conférence de Paris est annulée. Ce sommet devant se tenir dans la capitale française entre les deux superpuissances est prévu au printemps 1960. Or, le 5 mai de la même année, un avion espion américain U-2 est abattu par les Soviétiques, qui jugent cette intrusion sur leur territoire inacceptable. L'administration américaine s'enferme dans d'incroyables mensonges avant de reconnaître que le président Eisenhower approuve ces missions d'espionnage depuis 1956, et qu'il ne compte pas les suspendre. Devant l'ampleur de la contestation internationale, le président revient sur sa décision et annonce le retrait des U-2 du ciel russe. Mais Nikita Khrouchtchev exige des excuses publiques qui n'arriveront pas, et décide donc de boycotter la conférence.

John F. Kennedy est un ardent ennemi du communisme et son mandat fait date dans l'histoire de la guerre froide. En seulement deux ans et dix mois, le président a dû gérer deux crises majeures, toutes deux survenues à Cuba. En effet, les révolutionnaires communistes menés par le général Fidel Castro (né en 1926) prennent le pouvoir et destituent Fulgencio Batista (1901-1973) le 1er janvier 1959. Or, les États-Unis avaient libéré l'île du joug espagnol en 1898, mais, plus ennuyeux encore, cinquante ans après les événements, ils détiennent toujours 90 % des mines, 40 % des plantations de canne à sucre et la base militaire de Guantanamo.

Dès son arrivée au pouvoir, Fidel Castro met en place une réforme agraire ayant pour effet d'exproprier les propriétaires étrangers de la région. Dans le même temps, les terres sont nationalisées et le pays se rapproche de l'URSS. La méfiance et la rigidité du nouveau chef d'État envers les États-Unis font dès lors naître l'inquiétude dans le chef d'une partie de la population cubaine, réticente à adopter les mesures communistes. Les États-Unis, de leur côté, voient d'un mauvais œil la situation et, en janvier 1961, les relations diplomatiques avec Cuba sont rompues. La CIA décide alors de mettre au point un plan destiné à évincer Fidel Castro qui est approuvé par Eisenhower. Mais la décision d'intervenir ou non incombera à Kennedy.

LES PRIMAIRES ET L'ÉLECTION DE 1960

Dès 1956, John F. Kennedy réfléchit avec son père à la stratégie à adopter pour entrer à la Maison-Blanche. Les deux hommes ont conscience que les convictions religieuses (le catholicisme, dans un pays majoritairement protestant) et l'âge (39 ans) de John sont des freins à son désir d'accéder au pouvoir suprême. Ce ne sont donc pas les élections de 1956 qu'ils visent, mais celles de 1960. Alors qu'il apparaît certain que le républicain Eisenhower écrasera son adversaire, le démocrate Adlaï Stevenson (1900-1965), John F. Kennedy pose tout de même sa candidature pour la vice-présidence de ce dernier. S'il échoue, il n'en devient pas moins une figure centrale du Parti démocrate, et est donc bien placé pour représenter son parti aux élections de 1960.

Par son rôle dans les investigations médiatisées menées par le Congrès sur la corruption des syndicats et plus particulièrement celui des routiers, conduit par le controversé Jimmy Hoffa (1913-1982), par la rédaction d'un ouvrage *Profiles in Courage*, qui lui vaut le prix Pulitzer, et par les nombreux reportages sur son couple, John F. Kennedy s'attelle à préparer sa candidature à l'investiture démocrate. Si son père reste dans l'ombre, il continue néanmoins à distiller ses précieux conseils et à user de **ses** relations. Ses frères et beaux-frères sillonnent quant à eux le pays et multiplient les enquêtes d'opinion afin de prendre le pouls de l'électorat démocrate. Rarement une campagne pour les primaires n'aura été aussi bien préparée.

John F. Kennedy annonce officiellement sa candidature aux primaires démocrates le 2 janvier 1960. Mais il doit notamment faire face à Hubert Humphrey (1911-1978). Après une courte victoire dans le Wisconsin, la Virginie-Occidentale, État pauvre et majoritairement protestant, est l'étape décisive. John F. Kennedy y clôt le débat sur son appartenance à la foi catholique et remporte la faveur l'État avec 61 % des suffrages. Lors de la convention démocrate, tenue à Los Angeles (11-15 juillet 1960), il l'emporte sur la vieille garde du parti, composée d'Adlai Stevenson (1900-1965), de Stuart Symington (1901-1988) et surtout de Lyndon B. Johnson (1908-1973).

Malgré une lutte terrible et une campagne de dénigrement entre les deux hommes, John F. Kennedy choisit Lyndon B. Johnson comme colistier pour attirer les voix conservatrices du Sud. Du côté républicains, Richard Nixon, le vice-président d'Eisenhower, est celui qui représentera le parti. Les deux jeunes hommes, qui se jaugent depuis 14 ans, peuvent enfin s'affronter : le combat promet d'être passionnant.

À ce moment, Eisenhower reste apprécié par ses concitoyens et le travail de Nixon comme vice-président est bien considéré. John F. Kennedy est donc dans une position délicate pour choisir son angle d'attaque. En effet, il ne peut se montrer trop féroce et remettre en question le bilan de son prédécesseur, et ce malgré le ralentissement de l'économie. Son programme, dont le maître mot est ce qu'il appelle la « nouvelle frontière » (*New Frontier*), cherche surtout à remettre l'Amérique en mouvement et à combattre les dangers du communisme, la situation cubaine effrayant l'opinion publique américaine. De cette manière, il réussit à faire naître un nouvel espoir pour la jeunesse et prône le dynamisme.

Sur le fond, les deux candidats ne se démarquent guère. Sur la forme, par contre, c'est une autre affaire. Cette élection présidentielle est en effet marquée par l'importance de la télévision, et les quatre débats d'une heure, relayés en direct, jouent un rôle primordial dans le choix des Américains. Richard Nixon, à la réputation d'orateur coriace, pense que son expérience et son professionnalisme auront raison du charme du candidat démocrate, qu'il juge un peu creux. Mais, au cours de l'un de ces rendez-vous télévisuels, il apparaît fatigué, sa blessure au genou s'est réveillée, et il transpire. Face à lui se trouve un John F. Kennedy serein, charmant, sûr de lui et de ce qu'il avance, parfois drôle, qui séduit les téléspectateurs. Au lendemain des débats, les sondages annoncent la victoire du candidat démocrate avec six points d'avance. Le jour du vote, cependant, la réalité est tout autre : John F. Kennedy est bien devant, mais avec seulement 49,7 % des voix, alors que Nixon en comptabilise 49,6 %. La victoire est donc loin d'être triomphale, et l'aide de Lyndon B. Johnson s'est révélée déterminante dans les États du Sud.

UNE MAISON-BLANCHE SÉDUISANTE

Le 20 janvier 1961, John F. Kennedy s'installe à la Maison-Blanche accompagné de son clan. Lieu discret du pouvoir sous Eisenhower, elle devient un endroit foisonnant d'action où les journalistes scrutent les moindres faits et gestes de la famille la plus parfaite des États-Unis.

Kennedy place ses hommes à des fonctions clés. Ainsi, Robert est nommé à 35 ans *attorney general* (procureur général), soit l'un des postes les plus importants de l'administration américaine. Le népotisme du nouveau président ne s'arrête pas là. Son beau-frère, Sargent Shriver (1915-2011), est choisi pour présider les *Peace Corps*, une association dont le but est de favoriser la paix dans le monde. Les autres hommes forts de l'administration Kennedy se nomment Robert McNamara (secrétaire à la Défense, 1916-2009), Dean Rusk (secrétaire d'État, 1909-1994) et McGeorge Bundy (conseiller à la Sécurité nationale, 1919-1996). Quant à Ted Sorensen (secrétaire spécial chargé de ses discours, 1928-2010) et Pierre Salinger (porte-parole de la Maison-Blanche, 1925-2004), ses conseillers de toujours, ils le suivent bien évidemment à Washington.

PEACE CORPS

Peace Corps est le nom d'une agence indépendante du gouvernement américain, créée en 1961 par John F. Kennedy, qui est chargée d'apporter une aide aux pays défavorisés dans des secteurs tels que l'éducation, l'agriculture, la santé, etc. Les volontaires ont également pour mission de présenter aux habitants des pays rencontrés la culture américaine et de favoriser auprès des Américains la culture de ces régions du monde.

Mais pour offrir un tableau parfait, John F. Kennedy doit quelque peu tromper les journalistes. Il doit en effet se faire apprécier d'eux, leur donner des informations sur sa vie familiale, se présenter sous son meilleur jour, tout en cachant ses problèmes de dos, de plus en plus pénibles. En effet, ces derniers l'obligent à faire la sieste, à avaler de nombreux médicaments pour calmer la douleur, et à s'adonner à des exercices de gymnastique réparateurs. Pourtant, face à la caméra, il joue avec son chien, participe aux matchs de football de ses enfants et paraît dynamique. S'il ment sur sa condition physique, il le fait également sur sa vie amoureuse. Alors que son couple fait rêver des milliers d'Américains, John F. Kennedy est un séducteur invétéré et masque ses aventures aux médias, une situation qu'accepte difficilement son épouse.

LA POLITIQUE INTÉRIEURE

Lorsqu'il est élu, John F. Kennedy n'a pas comme priorité l'amélioration des conditions de vie des Noirs américains. Alors que ceux-ci réclament de plus en plus leurs droits, l'ancien sénateur du Massachusetts, ne voulant froisser ni l'électorat conservateur du Sud ni l'électorat progressiste, choisit l'attentisme. Mais cette politique montre rapidement ses limites : les années Kennedy sont marquées par de nombreux attentats contre les leaders afro-américains et des agressions commises contre les populations noires. Deux affaires finissent toutefois de convaincre John F. Kennedy d'intervenir sur la question des droits civiques.

En septembre 1962, James Meredith (né en 1933), un étudiant noir, est autorisé à entrer à l'université du Mississippi, mais le gouverneur démocrate de l'État, Rose Barnett (1898-1987), s'y oppose. Le gouvernement tente alors de trouver un compromis, mais la situation empire, et le président se voit forcé de faire intervenir 23 000 soldats pour calmer les émeutiers. Par ailleurs, dès le mois de novembre, il prend des mesures en faveur de la communauté noire en mettant fin par décret à la discrimination raciale dans l'attribution des logements fédéraux. Mais il s'agit surtout d'une mesure symbolique qui ne contente pas pleinement les Afro-Américains.

La seconde affaire est celle de la « campagne de Birmingham » qui se déroule au printemps 1963. Surnommée à juste titre « la Johannesburg de l'Alabama » tant la ségrégation y est forte, la ville est choisie par les militants noirs pour y mener une campagne de sensibilisation ponctuée par de nombreuses manifestations non violentes organisées par Martin Luther King. Malgré le pacifisme des manifestants, ceux-ci sont régulièrement arrêtés par le shérif Bull Connor (1897-1973), au racisme primaire. Pour mettre un terme à ces rassemblements, ce dernier décide de lâcher les chiens sur les femmes et les enfants et de permettre à ses hommes de matraquer les protestataires, ce qui choque profondément l'opinion publique. Ces images, qui font le tour du monde, forcent les pouvoirs publics à intervenir. L'idée de la nécessité de l'égalité entre les communautés fait son chemin dans l'esprit du président, et son frère, Robert, en fait son cheval de bataille. Persuadé que les États-Unis ne peuvent répondre à leur rôle civilisateur sans avoir réglé la question de l'inégalité, John F. Kennedy prépare une loi allant dans ce sens. Mais il est assassiné avant de pouvoir la proposer au Congrès. Son successeur, Lyndon B. Johnson, poursuivra alors le travail et promulguera le *Civil Rights Act of 1964*, qui interdit toute forme de discrimination (raciale, sexuelle, religieuse, etc.) dans l'ensemble des secteurs et services publics.

À côté de cela, un événement accroît plus encore la popularité de John F. Kennedy auprès du peuple américain, grâce au bras de fer qu'il mène contre les firmes sidérurgiques pour le bien de ses concitoyens. Pour qu'il y ait une relance de l'économie, les produits de base – dont l'acier – doivent être stables. Pour ce faire, l'administration Kennedy parvient à obtenir un consensus entre syndicat et patronat pour, d'un côté, limiter les demandes salariales et, de l'autre, empêcher la hausse des prix. Mais la décision n'est pas suivie par le leader du secteur, l'*US Steel*, qui augmente le prix de l'acier. John F. Kennedy convoque alors les télévisions afin d'accuser publiquement la firme de malhonnêteté. De plus, il ordonne aux administrations fédérales le boycott des firmes pratiquant des prix à la hausse. Face à la détermination du président, *US Steel* n'a d'autre choix que d'abdiquer. John F. Kennedy a gagné son épreuve de force contre l'un des plus importants trusts américains.

LA LUTTE CONTRE LE COMMUNISME

Mais ce qui intéresse surtout Kennedy, c'est la politique extérieure, dont il fait son domaine de prédilection. En pleine guerre froide, l'ancien sénateur du Massachusetts va pouvoir exprimer son talent, et ce, très rapidement. Le premier événement majeur qui intervient est celui de la baie des Cochons (17-19 avril 1961), qui tournera au fiasco. En appliquant un plan initialement prévu par Eisenhower afin de renverser Fidel Castro, John F. Kennedy comprend que ses théories et ses intentions pacifistes en matière de politique extérieure ne feront pas long feu.

La CIA fait alors débarquer près de 1 500 exilés cubains entraînés par les forces américaines sur l'île, afin que la population rallie ces soldats et destitue Fidel Castro. Mais l'opération est mal préparée et les exilés sont soit capturés, soit abattus. John F. Kennedy est donc contraint de monnayer leur liberté et de reconnaître à la télévision l'échec de l'opération, dont il assume l'entière responsabilité. Mais en réalité, il est persuadé que le directeur de la CIA, Allen Dulles (1893-1969), l'a manipulé, et le destitue donc de son poste. Depuis ce jour, John Kennedy garde une profonde rancune envers le révolutionnaire cubain.

Mais la plus importante crise à laquelle John F. Kennedy est confronté est celle des missiles de Cuba. Le 16 octobre 1962, le secrétaire à la Défense nationale, McGeorge Bundy, informe le président que des avions de reconnaissance américains ont localisé des sites d'armement de l'URSS en construction sur le territoire de Cuba. Nombre de ses conseillers lui préconisent de détruire ces sites par bombardement suite à la menace qu'ils représentent pour les États-Unis. Mais John F. Kennedy préfère négocier avec le président soviétique Nikita Khrouchtchev tout en mettant en place un blocus de l'île. Les yeux du monde sont rivés sur les deux superpuissances qui peuvent plonger le monde dans une nouvelle guerre. Après plusieurs semaines de négociations, un accord est trouvé : les États-Unis n'envahiront pas l'île castriste en échange du retrait des missiles russes de Cuba. Un autre accord est acté, mais celui-ci doit rester secret : pour que l'URSS procède au retrait, les États-Unis doivent également retirer leurs missiles en Turquie et en Italie.

La lutte contre le communisme ne se limite pas au vieux continent et la situation vietnamienne, qui va bouleverser les États-Unis durant les années soixante, prend racine pendant le mandat de Kennedy. Selon les Américains, la Chine communiste tente d'étendre son influence idéologique à toute l'Asie et si le Viêt Nam tombe entre ses mains, le reste du continent suivra. La priorité est donc d'endiguer l'expansion communiste dans cette partie du continent.

S'il est complexe de savoir avec précision quelles auraient été les décisions prises par John F. Kennedy en cas de réélection, ces conseillers arguent que le président aurait probablement rappelé les troupes américaines du Viêt Nam. Il est pourtant celui qui augmente les effectifs dans cette région du globe afin d'aider les Vietnamiens à renverser le pouvoir communiste. Dans cette prise de position, l'influence de son frère Robert est prépondérante et le Viêt Nam apparaît comme la région idéale pour combattre le communisme. Le conflit sera le cadeau empoisonné que fera Kennedy à son successeur, Lyndon B. Johnson, dont la cote de popularité ne s'en relèvera jamais. Il échoira finalement à Richard Nixon de mettre fin à ce conflit qui aura traumatisé les États-Unis.

LE PROGRAMME SPATIAL

La guerre froide et la rivalité avec la puissance soviétique entraînent une course effrénée dans la recherche spatiale. La mise en orbite des premiers Spoutniks en 1957 et le lancement du premier homme dans l'espace par les Soviétiques, le 12 avril 1961, contraignent John F. Kennedy à accorder d'importants moyens au programme spatial des États-Unis. Il est en effet temps de réagir. John F. Kennedy laisse le soin à son vice-président de choisir l'objectif à atteindre qui permettra de redorer le blason du pays.

Le 25 mai 1961, le président annonce au Congrès le lancement d'un programme spatial qui a pour objectif de faire alunir des astronautes américains avant la fin de la décennie. Les fonds alloués à la NASA passent de 500 millions de dollars à 5,2 milliards en cinq ans. L'objectif est atteint le 21 juillet 1969, lorsque Neil Armstrong (1930-2012) et Buzz Aldrin (né en 1930) marchent sur la Lune.

DALLAS, LE 22 NOVEMBRE 1963

Le mandat de John F. Kennedy s'arrête brutalement le 22 novembre 1963 alors qu'il visite le Texas, cet État qui ne l'apprécie guère, à des fins électorales. Les images sont connues de tous et il s'agit là de l'un des événements majeurs de la seconde moitié du XXe siècle. Alors qu'il salue la foule dans une limousine décapotable, John F. Kennedy est touché au cou par une balle avant d'être atteint par un autre projectile à la tête. Le gouverneur John Bowden Connally (1917-1993), assis dans la voiture, est atteint à la poitrine, mais survivra à cet attentat. Le président, gravement blessé, est directement emmené au Parkland Hospital, où il sera déclaré mort après 30 minutes d'une vaine tentative de réanimation. Selon les enquêtes officielles, le tireur est Lee Harvey Oswald (1939-1963). Âgé de 24 ans, ce dernier est maîtrisé par les forces de l'ordre peu après l'assassinat.

Le 24 novembre, lors de son transfert vers la prison de Dallas, il est abattu par Jack Ruby (1911-1967) dont les motivations n'ont jamais été éclaircies.

Il existe de nombreuses théories à propos de l'attentat commis ce jour-là. La commission d'enquête de la *US House Select Committee on Assassinations* (HSCA) de 1976 arrive à de nouvelles conclusions. Il y aurait eu, selon elle, une conspiration. De plus, le comité affirme que quatre balles ont été tirées et qu'un tireur dont l'identité reste encore inconnue aurait usé d'une arme à feu, mais aurait raté son tir. Est-ce l'œuvre de la CIA, de Cuba, des Soviétiques, de Lyndon B. Johnson ? Le mystère reste entier et alimente encore aujourd'hui l'imaginaire américain.

LE SAVIEZ-VOUS ?

John F. Kennedy est le quatrième président américain à être assassiné. Le premier est Abraham Lincoln, qui, le 14 avril 1865, est grièvement blessé après avoir été touché d'une balle de revolver au théâtre Ford à Washington par un sympathisant sudiste, John Wilkes Booth (1838-1865). Il meurt de ses blessures le lendemain. Le 20ᵉ président, James Abraham Garfield (1831-1881), est quant à lui assassiné par Charles Guiteau (1841-1882) de deux balles dans le dos tirées à bout portant dans une gare de Washington. Le meurtrier, atteint de troubles mentaux, était déçu d'avoir vu sa candidature au poste d'ambassadeur à Paris rejetée. Le président meurt de ses blessures deux mois après l'attentat. Enfin, le 6 septembre 1901, l'anarchiste Leon Czolgosz (1873-1901) tire deux coups de pistolet sur William McKinley (1843-1901) lors de l'exposition panaméricaine de Buffalo.

L'INVESTITURE DE LYNDON B. JOHNSON

La première répercussion à l'assassinat de John F. Kennedy est l'arrivée à la fonction suprême de son vice-président, Lyndon B. Johnson. La personnalité de ce dernier tranche violemment avec celle du playboy Kennedy. En effet, le Texan est un travailleur acharné, un politicien endurci ainsi qu'un fin connaisseur des règles du Congrès et des bassesses propres à la politique. Personnalité ambivalente, les uns le jugent autoritaire et agaçant, alors qu'il apparaît aux autres attachant, authentique, intelligent et doué. Dans les faits, son caractère et son parcours politique ne l'empêchent pas de prolonger, voire de dépasser, le travail de John F. Kennedy. Doté d'une véritable vision pour son pays, Lyndon B. Johnson met en place son projet de *Great Society* (« Grande Société »), à savoir, la lutte effrénée contre la pauvreté, la mise en place d'une assurance maladie pour les personnes âgées ainsi que l'amélioration des conditions de vie des Afro-Américains, en plus d'une loi sur l'immigration plus juste et favorisant le regroupement familial. La présidence de Lyndon B. Johnson permet donc de concrétiser les projets que John F. Kennedy n'a pas pu mener à bien.

Malheureusement pour le Texan, l'histoire se souvient surtout de sa mauvaise gestion de la guerre du Viêt Nam, héritée en partie de son prédécesseur. Car s'il ne doit exister qu'un point idéologique le démarquant de Kennedy, c'est bien celui de la politique extérieure. Lyndon B. Johnson n'y connaît pas grand-chose et, lorsqu'il se retrouve face à la situation vietnamienne, son leadership est ouvertement critiqué. Si Kennedy avait autorisé la CIA à exercer des missions d'espionnage au Viêt Nam sans en avertir le Congrès, le Texan choisit de poursuivre dans cette logique, mais, face à l'envenimement de la situation, il est obligé de faire entrer officiellement le pays dans ce qui constitue l'un des grands traumatismes qu'aient connus les États-Unis du XXe siècle.

LE *CIVIL RIGHTS ACT*

Lyndon B. Johnson a rapidement agi sur la question des droits civiques en promulguant le *Civil Rights Act*, qui interdit toute discrimination en fonction de la race, de la couleur de peau, de la religion ou encore des origines ethniques. En cas de manquement de la part d'un État, le texte prévoit la suspension des subventions fédérales. Il s'agit en fait du grand projet de loi ambitieux voulu par John F. Kennedy et son frère, projet retardé par l'assassinat. Le texte est complété l'année suivante par le *Voting Rights Act* qui assure le droit de vote à tous et supprime la discrimination dans les lieux publics, les services et à l'emploi. En réfléchissant à cette loi, John F. Kennedy s'attendait à une opposition féroce de la part des élus du Sud ségrégationnistes, et c'est précisément ce qui se produit pour son successeur, qui exerce un lobbying étouffant sur les législateurs. Cependant, accaparé par la guerre du Viêt Nam, le président délaisse progressivement son programme de *Great Society* et ne peut empêcher les émeutes raciales qui éclatent dès 1965 et se multiplient jusqu'à la fin de la décennie.

UNE PRÉSIDENCE SOUS LES FEUX DES PROJECTEURS

La présidence connaît elle aussi un profond bouleversement suite au mandat de Kennedy, en la faisant entrer dans une nouvelle ère plus médiatique. La télévision est, dès les années soixante, présente dans quasiment tous les foyers américains et constitue pour beaucoup de citoyens la seule source d'informations. Ayant très vite compris le rôle capital de ce nouvel outil, John F. Kennedy sait aussi bien contrôler la presse que la flatter, et cette qualité devient par la suite primordiale pour les candidats au poste suprême. En outre, depuis le légendaire face à face entre John F. Kennedy et Richard Nixon, les débats télévisés gagnent en importance dans la vie politique américaine. Il faut toutefois attendre l'année 1976 pour que deux hommes politiques se plient de nouveau à l'exercice, mais, à partir de cette date, les débats deviennent systématiques. L'engouement du public est tel que les télévisions retransmettent peu à peu les affrontements entre les colistiers, et on assiste depuis la première campagne de Barack Obama (né en 1961) à des joutes télévisées entre candidats d'un même parti qui briguent l'investiture, et ce chez les républicains comme chez les démocrates.

Cette tendance à informer le peuple transparaît également dans la multiplication des conférences de presse. John F. Kennedy répondait en direct aux questions des journalistes et tenait en moyenne 23 conférences télévisées de ce type par an, tout comme Bill Clinton (né en 1946), George W. Bush (né en 1946) et Barack Obama. D'une certaine manière, John F. Kennedy a plus inspiré la communication des présidents américains des années 1990-2000 que celles de ses proches successeurs. Les républicains Richard Nixon, Ronald Reagan (1911-2004) et George H. W. Bush (né en 1924), au contraire, se méfiaient de la presse et se montraient souvent réticents à donner des informations et à ouvrir les portes de la Maison-Blanche aux journalistes.

EN RÉSUMÉ

29 mai 1917	Naissance de Kennedy
1946	Kennedy devient député du Massachusetts
1946	Kennedy est élu à la Chambre des représentants
1953	Kennedy devient sénateur
8 nov. 1960	Élection de Kennedy en tant que 35e président des États-Unis
1961	Création des *Peace Corps*
17-19 avril 1961	Opération de la baie des Cochons
25 mai 1961	Discours de Kennedy sur le lancement d'un programme spatial
22 nov. 1963	Kennedy est abattu à Dallas

- Né en 1917, John F. Kennedy grandit dans une famille puissante et fortunée. Son père nourrit de grandes ambitions pour chacun de ses fils.

- La jeunesse de John Kennedy est rythmée par de nombreuses maladies et surtout par d'importantes douleurs au dos qui le handicaperont toute sa vie.

- Avant que la Seconde Guerre mondiale n'éclate, il occupe un poste non rémunéré auprès de son père, alors ambassadeur à Londres. Aux premières loges de l'histoire, il se forge une opinion concernant la politique internationale.

- Au cours du conflit, son patrouilleur est abattu. En mer, il sauve l'un de ses camarades et repart ensuite pour chercher de l'aide. Grâce aux relations médiatiques de son père qui relaient et amplifient cette histoire, John Kennedy devient rapidement un héros.

- Diplômé de Harvard, il devient, grâce à la fortune de son père et à une campagne médiatique novatrice, représentant du Massachusetts en 1946, puis sénateur du même État en 1953.

- Cette année-là, il épouse Jacqueline Lee Bouvier, dite Jackie, avec laquelle il forme le couple présidentiel le plus glamour des États-Unis.

- Grâce à son programme « Nouvelle Frontière » et à sa façon de gérer les débats télévisés, John Kennedy parvient à vendre sa jeunesse et son énergie aux électeurs américains et devient, en 1960, le 35e président des États-Unis grâce à une infime avance sur son adversaire, Richard Nixon.

- Du 17 au 19 avril 1961, l'ancien sénateur du Massachusetts permet le débarquement de 1 500 exilés cubains chargés de destituer Fidel Castro. L'opération connue sous le nom de « la baie des Cochons » tourne au fiasco.

- À la mi-octobre 1962, la terre tremble. Après de longues semaines de négociations entre les deux blocs, l'URSS accepte de stopper la construction de bases militaires à Cuba.

- Le 22 novembre 1963, John F. Kennedy est abattu de deux balles – l'une dans le cou, l'autre dans la tête – à Dallas. Il est le quatrième président américain à avoir été assassiné.

POUR ALLER PLUS LOIN

SOURCES BIBLIOGRAPHIQUES

- FORESTIER (François), *JFK. Le dernier jour*, Paris, Albin Michel, 2013.
- GIGLIO (James N.), *The Presidency of John F. Kennedy*, Lawrence, University Press of Kansas, 1991.
- KASPI (André), *Les Américains. Les États-Unis de 1945 à nos jours*, Paris, Seuil, 1986.
- KASPI (André), *Kennedy, les 1 000 jours d'un président*, Paris, Armand Colin, 1993.
- KASPI (André), *John F. Kennedy, une famille, un président, un mythe*, Bruxelles, Éditions Complexe, 2007.
- KASPI (André) et HARTER (Hélène), *Les présidents américains*, Paris, Tallandier, 2012.
- LENTZ (Thierry), *Kennedy. Enquête sur l'assassinat d'un président*, Paris, Picollec, 1995.
- MÉLANDRI (Pierre), *Histoire des États-Unis. L'Ascension. 1865-1974*, Paris, Perrin, coll. « Tempus », 2013.
- MICHELOT (Vincent), *Kennedy*, Paris, Gallimard, 2013.
- MOISY (Claude), *John Kennedy, enfance et adolescence*, Paris, Autrement, 1998.
- MOISY (Claude), *John F. Kennedy. 1917-1963*, Paris, Librio, 2003.
- NAU (Pierre), *JFK. Retour sur l'assassinat*, Paris, Le Manuscrit, 2006.
- REYMOND (William), *JFK. Autopsie d'un crime d'État*, Paris, Flammarion, 1999.
- SCHEIM (David E.), *Dallas, 22 novembre 1963, les assassins du président John F. Kennedy*, Paris, Acropole, 1990.
- SNÉGAROFF (Thomas), *Kennedy. Une vie en clair-obscur*, Paris, Armand Colin, 2013.

- **WHITE** (Mark J.), *Kennedy. The New Frontier Revisited*, New York, Macmillian Press, 1998.

FILMS

- *JFK*, film d'Oliver Stone, avec Kevin Costner, Tommy Lee Jones et Gary Oldman, États-Unis, 1991.
- *Parkland*, film de Peter Landesman, avec Marcia Gay Harden, Zac Efron et Paul Giamatti, États-Unis, 2013.

50MINUTES

www.50minutes.com

Éditeur responsable : Lemaitre Publishing
Rue Lemaitre 4 | BE-5000 Namur
info@lemaitre-editions.com

ISBN ebook : 978-2-8062-5436-8
ISBN papier : 978-2-8062-5616-4
Dépôt légal : D/2014/12603/58
Photo de couverture : © John Vachon.

Conception numérique : Primento,
le partenaire numérique des éditeurs